Découvre la Bible autrement

Munis-toi du livre Saint et trouve les mots cachés

COURS DONNER
EAU FAIRE
FEUILLAGE FLETRIR
FRUIT PLANTER
REUSSIR SAISON

F	D	D	A	Y	D	Y	S	M	O	K
R	C	O	U	R	S	G	T	F	C	A
U	F	B	V	W	H	T	Y	L	J	Y
I	E	Y	M	Y	C	F	Q	E	L	M
T	U	V	Z	P	L	A	N	T	E	R
W	I	R	E	U	S	S	I	R	Z	W
K	L	E	J	M	J	S	D	I	F	Y
I	L	D	O	N	N	E	R	R	B	O
J	A	G	O	F	A	I	R	E	O	X
I	G	J	U	L	P	P	T	N	Z	
K	E	S	A	I	S	O	N	E	A	U

Découvre la Bible autrement

Munis-toi du livre Saint et trouve les mots cachés

ASSEMBLEE	CONNAITRE
CONTRAIRE	DISPERSER
JUGEMENT	JUSTE
MENER	PAILLE
RESISTER	VENT

```
C  O  N  N  A  I  T  R  E  W  Y
C  D  R  E  S  I  S  T  E  R  E
Z  O  I  Y  O  Z  W  L  T  K  A
S  Z  N  S  V  P  V  R  L  E  S
Q  F  X  T  P  A  I  L  L  E  S
J  I  S  G  R  E  Y  R  W  A  E
T  N  Y  M  F  A  R  V  L  P  M
Y  V  E  N  T  A  I  S  N  E  B
B  T  J  U  S  T  E  R  E  D  L
N  S  F  S  G  M  E  N  E  R  E
O  G  J  U  G  E  M  E  N  T  E
```

Découvre la Bible autrement

Munis-toi du livre Saint et trouve les mots cachés

ARRETER	ASSEOIR
COMPAGNIE	CONSEIL
HEUREUX	HOMME
MECHANT	PECHEUR
SUIVRE	VOIE

```
W  R  H  W  A  I  Y  P  Z  D  W
O  O  C  O  M  P  A  G  N  I  E
S  W  R  C  O  N  S  E  I  L  B
U  A  A  M  I  Y  H  A  I  P  M
I  A  R  E  S  V  O  Z  M  E  K
V  S  R  C  H  O  M  D  S  C  P
R  S  E  H  T  I  M  B  A  H  J
E  E  T  A  I  E  E  L  I  E  K
V  O  E  N  D  A  D  U  W  U  O
C  I  R  T  Z  R  V  M  F  R  T
N  R  I  T  H  E  U  R  E  U  X
```

Découvre la Bible autrement

Munis-toi du livre Saint et trouve les mots cachés

ARBRE	ETERNEL
JOUR	LOI
MEDITER	MOQUEUR
NUIT	PLAISIR
RESSEMBLER	TROUVER

```
M  R  E  S  S  E  M  B  L  E  R
E  C  J  P  T  V  L  B  H  M  T
D  F  G  L  A  J  R  J  T  E  E
I  W  Z  A  L  A  R  B  R  E  T
T  S  C  I  Q  W  M  G  O  J  E
E  K  J  S  U  N  O  X  U  N  R
R  N  O  I  D  M  Q  U  V  M  N
D  U  U  R  E  K  U  L  E  G  E
T  I  R  S  L  R  E  N  R  T  L
S  T  E  T  O  L  U  Q  O  Q  B
J  I  C  B  I  M  R  K  K  T  M
```

Bienvenue !

Découvrez un concept inédit et unique dans le monde !

Vous voulez en savoir plus sur la Bible ? Vous êtes un rigoureux lecteur ou tout simplement curieux? Vous ne savez pas par où commencer?

Et bien, ce carnet est fait pour vous! Découvrez la Sainte Bible tout en vous détendant agréablement.

Munissez-vous d'une Bible pour suivre, apprendre, comprendre et vous aider.

Pour cela on va se référer aux 150 Psaumes qui dévoile les Cantiques et Prières de louange

Pour ce carnet,
on va s'aider des Psaumes 1 à 10

Munissez-vous de
votre Sainte Bible, et allons-y!

Découvre la Bible autrement

Munis -toi du livre Saint et trouve les mots cachés

AGITATION	CHEF
LIGUER	NATION
PEUPLE	PREOCCUPER
ROI	RUINE
SOULEVER	TERRE

```
H  Z  S  O  U  L  E  V  E  R  A
A  T  O  V  B  N  O  I  P  P  D
G  R  V  F  H  K  X  J  T  R  N
I  N  A  T  I  O  N  J  X  E  F
T  B  B  U  Y  H  K  O  X  O  C
A  X  A  R  U  I  N  E  O  C  H
T  K  M  P  D  Y  N  J  H  C  E
I  L  I  G  U  E  R  J  Z  U  F
O  I  W  P  T  E  R  R  E  P  C
N  L  S  P  E  U  P  L  E  E  A
R  O  I  R  H  H  A  O  T  R  L
```

Découvre la Bible autrement

Munis-toi du livre Saint et trouve les mots cachés

ARRACHER	CHAINES
CIEL	CONTRE
DESIGNER	JETER
LIEN	LOIN
ONCTION	SIEGER

```
R  U  D  G  O  K  C  I  E  L  J
M  Q  A  V  N  Q  S  H  L  A  J
A  N  G  L  C  N  I  D  C  R  E
R  P  K  I  T  P  E  E  H  L  T
R  Y  I  E  I  Z  G  S  A  O  E
A  R  V  N  O  R  E  I  I  I  R
C  G  U  C  N  B  R  G  N  N  X
H  Y  S  P  H  H  R  N  E  E  W
E  C  O  N  T  R  E  E  S  U  E
R  D  P  G  W  A  M  R  G  O  I
Z  K  U  M  X  Z  M  W  R  N  Y
```

Découvre la Bible autrement

Munis -toi du livre Saint et trouve les mots cachés

COLERE	EPOUVANTE
ETABLIR	FUREUR
MONTAGNE	MOQUER
PARLER	PROCLAMER
RIRE	SION

```
W  I  S  I  O  N  B  F  F  J  X
J  G  E  K  P  A  R  L  E  R  J
G  F  P  R  O  C  L  A  M  E  R
R  U  O  X  F  J  U  J  M  P  H
I  R  U  I  M  O  Q  U  E  R  T
R  E  V  H  F  U  I  S  P  L  N
E  U  A  E  T  A  B  L  I  R  X
Z  R  N  Q  G  C  O  L  E  R  E
W  E  T  M  O  N  T  A  G  N  E
G  C  E  I  J  G  C  B  T  J  Y
E  A  U  T  F  W  N  F  V  L  V
```

Découvre la Bible autrement

Munis-toi du livre Saint et trouve les mots cachés

AUJOURDHUI	BRISER
DECRET	DEMANDER
DONNER HERI	ENGENDRER
EXTREMITE	FILS
POSSESSION	SPECTRE

```
D  O  N  N  E  R     H  E  R  I
P  A  E  N  G  E  N  D  R  E  R
E  O  U  D  B  R  I  S  E  R  X
X  V  S  J  E  D  C  C  R  Y  W
T  Z  P  S  O  M  E  Z  Y  G  H
R  T  E  N  E  U  A  C  D  V  F
E  I  C  J  C  S  R  N  R  K  U
M  D  T  F  R  N  S  D  D  E  Z
I  J  R  I  J  W  M  I  H  E  T
T  K  E  L  W  C  M  K  O  U  R
E  Z  T  S  I  L  J  J  C  N  I
```

Découvre la Bible autrement

Munis-toi du livre Saint et trouve les mots cachés

CONDUIRE	CRAINTE
FER	INSTRUIRE
JUGE	LAISSER
POTIER	SAGESSE
SERVIR	VASE

```
O  A  J  Y  U  B  L  O  D  G  J
L  A  U  R  C  R  A  I  N  T  E
A  E  G  A  R  F  N  U  S  C  S
I  A  E  V  Z  E  S  Q  Q  Y  A
S  B  K  Z  B  R  E  T  B  Q  G
S  L  Z  B  E  A  R  G  S  T  E
E  U  T  S  A  T  V  O  I  G  S
R  C  O  N  D  U  I  R  E  F  S
P  O  T  I  E  R  R  U  Q  B  E
P  X  N  T  Y  V  A  S  E  V  F
I  N  S  T  R  U  I  R  E  Q  C
```

Découvre la Bible autrement

Munis -toi du livre Saint et trouve les mots cachés

CONFIER	ENFLAMMER
ENNEMIS	HOMMAGE
IRRITER	PERTE
PEUR	REJOUIR
RENDRE	TREMBLER

```
J  H  H  E  F  F  P  E  R  T  E
E  N  N  E  M  I  S  H  X  U  C
T  R  E  M  B  L  E  R  I  K  D
F  I  E  N  F  L  A  M  M  E  R
F  R  G  H  R  R  R  D  N  W  C
J  R  X  O  J  E  W  K  Q  Z  O
W  I  P  M  V  J  N  V  Y  Z  N
G  T  E  M  J  O  P  D  G  B  F
O  E  U  A  U  U  Z  I  R  Q  I
P  R  R  G  O  I  U  C  Y  E  E
P  B  X  E  N  R  M  G  S  B  R
```

Découvre la Bible autrement

Munis-toi du livre Saint et trouve les mots cachés

BOUCLIER   DIRE
DRESSER   GLOIRE
NOMBREUX   RELEVER
SALUT   SUJET
TETE   VOIX

V	K	D	E	C	F	U	C	K	U	B
B	O	U	C	L	I	E	R	V	W	S
T	E	T	E	G	G	L	O	I	R	E
T	D	R	E	S	S	E	R	J	M	Q
S	U	J	E	T	E	V	O	I	X	N
J	Y	Q	C	Q	Z	O	Y	K	Y	G
K	N	O	M	B	R	E	U	X	P	I
F	R	D	R	E	L	E	V	E	R	X
I	A	T	A	J	T	D	I	R	E	M
D	M	T	A	J	R	Q	J	B	B	G
J	I	J	S	A	L	U	T	Q	C	M

Découvre la Bible autrement

Munis-toi du livre Saint et trouve les mots cachés

ASSIEGER	COUCHER
ENDORMIR	LEVER
MILLIER	PERSONNE
REPONDRE	REVEILLER
SAUVER	SOUTIEN

```
D  O  M  I  L  L  L  I  E  R  J  P
S  Q  R  E  V  E  E  I  L  L  E  R
R  O  A  S  S  I  E  G  E  R  R  R
E  E  U  P  E  R  S  O  N  N  E
N  K  P  T  C  L  B  S  Y  D  D
D  N  G  O  I  O  C  K  O  B  Z
O  Q  K  S  N  E  U  N  L  J  L
R  S  Z  S  B  D  N  C  J  U  E
M  D  V  A  A  K  R  R  H  J  V
I  A  P  A  E  I  Z  E  O  E  E
R  T  S  A  U  V  E  R  U  T  R
```

Découvre la Bible autrement

Munis-toi du livre Saint et trouve les mots cachés

APPARTENIR	BENEDICTION
BRISER	CRIER
DENT	DETRESSE
GIFLER	JUSTICE
LARGE	PITIE

```
Q   C   R   O   P   I   T   I   E   B   J
C   R   W   V   V   Y   H   A   E   E   B
J   U   S   T   I   C   E   P   B   N   L
I   B   R   I   S   E   R   P   D   E   A
O   L   B   M   L   Y   J   A   E   D   W
B   G   I   F   L   E   R   R   T   I   D
C   R   I   E   R   R   S   T   R   C   E
K   B   X   J   Y   N   W   E   E   T   N
Y   L   A   R   G   E   U   N   S   I   T
T   B   I   N   U   W   R   I   S   O   Z
Q   Z   R   A   Y   C   X   R   E   N   J
```

Découvre la Bible autrement

Munis-toi du livre Saint et trouve les mots cachés

AIMER	CHOISIR
ECOUTER	ENTENDRE
FIDELE	MENSONGE
MEPRISER	PRIERE
RECHERCHER	VALEUR

A	G	I	M	U	E	T	I	M	A	G	
R	A	R	E	R	B	R	M	F	P	P	
E	I	C	N	K	E	V	E	C	R	V	
C	M	H	S	Z	N	A	P	Q	I	S	
H	E	O	O	E	T	L	R	N	E	X	
E	R	I	N	C	E	E	I	K	R	P	
R	D	S	G	O	N	U	S	F	E	V	
C	S	I	E	U	D	R	E	O	U	D	
H	M	R	B	T	R	D	R	E	I	J	
E	V	Z	A	E	E	G	R	X	F	L	
R	L	D	O	R	F	I	D	E	L	E	

Découvre la Bible autrement

Munis -toi du livre Saint et trouve les mots cachés

COEUR	COLERE
CONFIER	CONFORME
LIT	METTRE
OFFRIR	PECHE
SACRIFICE	SILENCE

```
O  Q  X  G  P  E  L  F  K  N  R
F  Q  S  C  E  C  O  C  R  Z  X
F  V  A  O  C  G  O  X  A  P  N
R  S  C  N  H  F  R  E  A  S  L
I  I  R  F  E  F  M  K  U  P  Z
R  L  I  I  M  C  O  L  E  R  E
G  E  F  E  V  R  F  D  E  L  D
F  N  I  R  N  M  I  Q  H  G  F
A  C  C  M  E  T  T  R  E  H  P
O  E  E  C  O  N  F  O  R  M  E
Y  W  J  F  T  J  U  L  I  T  C
```

Découvre la Bible autrement

Munis -toi du livre Saint et trouve les mots cachés

ABONDER	BLE
BONHEUR	BRILLER
EPROUVER	JOIE
LUMIERE	VIN
VISAGE	VOIR

```
Z  V  I  S  A  G  E  A  K  E  K
V  H  D  P  Z  J  O  I  E  E  R
V  I  N  B  R  I  L  L  E  R  D
B  F  P  I  L  B  L  E  M  C  C
F  E  R  L  U  M  I  E  R  E  L
W  D  A  B  O  N  D  E  R  G  D
M  H  R  Y  L  B  C  N  B  B  G
E  G  C  E  P  R  O  U  V  E  R
I  D  P  L  X  W  X  Z  V  Q  R
M  V  B  O  N  H  E  U  R  D  E
P  V  O  I  R  G  U  M  F  A  K
```

Découvre la Bible autrement

Munis-toi du livre Saint et trouve les mots cachés

ASSASSIN	COUCHER
DEMEURE	DONNER
HORREUR	HUILE
MENTEUR	PAIX
SECURITE	SEUL

```
I  Y  W  A  S  S  A  S  S  I  N
Y  Z  W  Z  N  G  C  F  P  W  E
S  E  C  U  R  I  T  E  T  N  Q
D  E  M  E  U  R  E  V  W  V  X
M  S  K  O  S  O  R  C  V  G  Q
B  K  M  E  N  T  E  U  R  K  J
M  S  Y  T  L  S  E  U  L  J  D
T  N  P  L  H  O  R  R  E  U  R
I  A  A  N  G  F  H  U  I  L  E
H  O  C  O  U  C  H  E  R  M  M
D  O  N  N  E  R  W  P  A  I  X
```

Découvre la Bible autrement

Munis -toi du livre Saint et trouve les mots cachés

ADVERSAIRE	APLANIR
BONTE	CAUSE
CRAINTE	GRANDE
MAISON	PROSTERNER
TEMPLE	TROMPEUR

```
Q  F  L  T  R  O  M  P  E  U  R
B  O  N  T  E  C  A  U  S  E  V
J  H  U  H  M  A  I  S  O  N  R
U  R  T  E  M  P  L  E  M  U  C
W  O  Y  Q  N  O  G  B  I  O  T
V  A  D  V  E  R  S  A  I  R  E
V  K  Z  X  G  R  A  N  D  E  A
H  W  I  P  P  N  T  U  Q  W  D
M  C  R  A  I  N  T  E  V  J  V
J  P  R  O  S  T  E  R  N  E  R
L  I  A  P  L  A  N  I  R  E  L
```

Découvre la Bible autrement

Munis-toi du livre Saint et trouve les mots cachés

BOUCHE	DETRUIRE
FLATTEUR	GOSIER
LANGUE	OUVERTE
PRONONCER	SINCERITE
TOMBE	TRAITER

```
T D T R A I T E R P X
B D E T R U I R E H G
J D K W A B O U C H E
S I Y F L A T T E U R
G O S I E R Y K X F G
F P R O N O N C E R E
Z B I Y T V T O M B E
O U V E R T E R S G U
X V T I M L A N G U E
B Z S I N C E R I T E
P I V P P T Y W L Y K
```

Découvre la Bible autrement

Munis -toi du livre Saint et trouve les mots cachés

ALLEGRESSE	CHASSER
CHUTE	COUPABLE
NOM	PROJET
PROTEGER	PROVOQUER
REVOLTE	TOUJOURS

```
Q   C   H   U   T   E   Q   H   G   M   Y
A   L   L   E   G   R   E   S   S   E   K
T   C   H   A   S   S   E   R   C   C   M
Y   H   R   E   V   O   L   T   E   B   V
S   S   Q   N   I   J   J   V   Q   D   C
U   S   Y   C   O   U   P   A   B   L   E
P   R   O   T   E   G   E   R   N   O   M
V   T   O   U   J   O   U   R   S   W   J
W   P   R   O   V   O   Q   U   E   R   R
Y   F   P   R   O   J   E   T   W   H   W
Y   U   A   T   I   E   V   I   H   O   I
```

Découvre la Bible autrement

Munis-toi du livre Saint et trouve les mots cachés

AME	BENIR
BOUCLIER	CORRIGER
ENTOURER	FORCEguerir
FUREUR	GRACE
OS	PUNIR

```
C  H  F  U  R  E  U  R  R  T  Z
W  Q  U  G  V  N  C  Y  O  Q  D
S  H  C  E  Q  M  A  M  E  M  U
F  O  R  C  E  G  U  E  R  I  R
P  U  B  O  U  C  L  I  E  R  X
T  V  P  U  N  I  R  B  E  M  V
H  E  N  T  O  U  R  E  R  O  H
C  O  R  R  I  G  E  R  M  Z  R
B  E  N  I  R  K  G  P  X  Z  D
P  H  X  G  R  A  C  E  Z  U  J
I  P  Z  O  S  R  X  U  K  A  K
```

Découvre la Bible autrement

Munis-toi du livre Saint et trouve les mots cachés

DELIVRER   EPUISER
EVOQUER   LOUER
MORT   REVENIR
SAUVER   SEJOUR
SOUVENIR   TROUBLE

```
S  E  J  O  U  R  J  M  J  J  Y
S  A  U  V  E  R  L  U  M  Y  L
U  J  E  P  U  I  S  E  R  M  C
H  V  D  P  F  U  W  I  E  B  F
D  E  L  I  V  R  E  R  E  P  L
C  U  W  R  R  E  V  E  N  I  R
J  W  K  I  G  C  I  M  O  R  T
N  S  O  U  V  E  N  I  R  I  S
F  T  T  R  O  U  B  L  E  K  I
E  Q  S  W  R  L  O  U  E  R  D
Z  G  E  O  E  V  O  Q  U  E  R
```

Découvre la Bible autrement

Munis -toi du livre Saint et trouve les mots cachés

CHAGRIN	FORCE
GEMIR	INONDER
LARMES	NUIT
PERSECUTER	PLEUR
USER	YEUX

```
X   K   Q   B   I   G   K   A   C   U   I
G   P   L   E   U   R   U   S   E   R   Z
Z   D   Y   T   L   G   E   M   I   R   B
Y   E   U   X   H   L   A   R   M   E   S
D   U   D   K   S   U   C   N   U   I   T
P   E   R   S   E   C   U   T   E   R   M
Q   N   K   V   O   L   B   L   Y   C   E
D   O   I   N   O   N   D   E   R   L   R
C   H   A   G   R   I   N   X   J   E   A
R   G   Y   F   O   R   C   E   M   E   F
W   M   H   Q   J   C   I   V   M   K   Z
```

Découvre la Bible autrement

Munis-toi du livre Saint et trouve les mots cachés

ACCUEILLIR	AFFAIBLIR
CONFUSION	EFFROI
ELOIGNER	EXAUCER
HONTE	RECULER
REMPLIR	SUPPLICATION

E	F	F	R	O	I	T	I	U	E	F	T	T
S	U	P	P	L	I	C	A	T	I	O	N	N
G	E	L	O	I	G	N	E	R	E	H	C	C
C	F	E	X	A	U	C	E	R	B	K	V	
R	R	U	R	K	Y	X	W	T	O	Z	Z	
A	A	C	C	U	E	I	L	L	I	R	R	
C	O	N	F	U	S	I	O	N	V	X	V	
S	X	P	K	G	Y	N	T	N	F	A	O	
O	S	H	O	N	T	E	Q	V	Q	L	F	
R	E	C	U	L	E	R	O	Z	Y	P	Q	
Q	U	A	F	F	A	I	B	L	I	R	D	
M	T	S	X	R	E	M	P	L	I	R	J	

Découvre la Bible autrement

Munis-toi du livre Saint et trouve les mots cachés

CHERCHER	DECHIRER
DEPOUILLER	DEVORER
LION	MAIN
PERSECUTEUR	RENDRE
RFUGE	SAUVER

W	R	F	U	G	E	C	T	Y	G	H
P	E	R	S	E	C	U	T	E	U	R
C	H	E	R	C	H	E	R	Q	Z	M
W	M	T	D	E	C	H	I	R	E	R
C	J	W	U	U	K	R	P	E	F	J
N	D	E	V	O	R	E	R	V	O	L
M	Y	Z	T	N	T	L	I	O	N	A
S	T	A	M	X	Q	V	I	K	Q	V
N	K	S	A	U	V	E	R	P	X	Y
P	D	E	P	O	U	I	L	L	E	R
R	E	N	D	R	E	N	M	A	I	N

Découvre la Bible autrement

Munis -toi du livre Saint et trouve les mots cachés

ADVERSAIRE	ATTEINDRE
ETABLIR	OPPOSER
POURSUIVRE	POUSSIERE
RAISON	SECOURIR
TERRASSER	TRAINER

```
T  C  O  S  E  C  O  U  R  I  R
I  S  M  N  F  R  E  Z  E  H  R
M  P  C  E  T  A  B  L  I  R  E
N  P  O  U  S  S  I  E  R  E  J
A  T  T  E  I  N  D  R  E  R  Z
J  T  E  R  R  A  S  S  E  R  Z
J  A  O  P  P  O  S  E  R  W  H
U  A  S  M  T  R  A  I  N  E  R
J  A  D  V  E  R  S  A  I  R  E
Z  M  R  A  I  S  O  N  Q  X  W
X  P  O  U  R  S  U  I  V  R  E
```

Découvre la Bible autrement

Munis-toi du livre Saint et trouve les mots cachés

AFFERMIR	CONFORMEMENT
DROIT	ENTOURER
EXERCER	HAUTEUR
INTEGRITE	MEFAITS
TERME	VENIR

```
Y  Z  O  I  N  T  E  G  R  I  T  E
O  P  Z  E  X  E  R  C  E  R  A  U
M  E  F  A  I  T  S  B  G  S  Q  U
V  C  B  H  L  T  E  R  M  E  F  A
V  W  N  E  N  T  O  U  R  E  R  N
T  J  P  W  H  W  Y  K  X  K  F  P
H  S  H  W  S  A  D  R  O  I  T  A
S  Z  T  L  R  H  A  U  T  E  U  R
C  O  N  F  O  R  M  E  M  E  N  T
G  P  T  J  T  C  O  H  F  Q  H  N
K  A  N  P  Q  J  V  E  N  I  R  H
A  F  F  E  R  M  I  R  P  Q  G  B
```

Découvre la Bible autrement

Munis-toi du livre Saint et trouve les mots cachés

AIGUISER	BANDER
COEUR	EPEE
EXAMINER	JUGE
JUSTE	REINS
REVENIR	SENTIR

```
X  J  U  S  T  E  X  T  E  B  G
P  O  G  F  A  Z  S  T  H  O  Y
W  D  A  I  G  U  I  S  E  R  Y
D  Y  K  S  Z  S  E  N  T  I  R
M  I  D  H  R  E  I  N  S  D  P
O  M  P  F  N  J  N  I  E  D  M
J  B  K  I  R  E  V  E  N  I  R
J  F  E  D  X  J  U  G  E  G  T
Z  G  B  A  N  D  E  R  U  O  J
V  E  X  A  M  I  N  E  R  Z  L
E  P  E  E  I  C  O  E  U  R  R
```

Découvre la Bible autrement

Munis-toi du livre Saint et trouve les mots cachés

ARC	BRULANTE
CONCEVOIR	DIRIGER
FLECHES	MEURTRIERS
MISERE	PREPARER
TRAITS	VISER

```
T  R  A  I  T  S  N  F  L  X  Q
A  P  P  R  E  P  A  R  E  R  A
O  Y  F  L  E  C  H  E  S  I  M
P  O  Z  I  T  M  I  S  E  R  E
M  E  U  R  T  R  I  E  R  S  P
B  R  U  L  A  N  T  E  S  X  M
K  D  Z  R  K  G  K  N  M  F  Q
D  I  R  I  G  E  R  R  G  G  I
C  O  N  C  E  V  O  I  R  N  D
V  I  S  E  R  G  E  B  X  R  H
W  R  F  A  R  C  N  H  Y  M  Y
```

Découvre la Bible autrement

Munis-toi du livre Saint et trouve les mots cachés

ACCOUCHE	CHANTER
CREUSER	FAUSSETE
FOSSE	FRONT
RETOMBER	SEIGNEUR
TROU	VIOLENCE

```
E  O  F  R  O  N  T  L  X  C  A
G  U  J  A  C  C  O  U  C  H  E
O  S  U  C  E  O  N  G  F  L  J
Z  O  C  B  F  O  S  S  E  H  X
F  V  L  V  I  O  L  E  N  C  E
A  S  E  I  G  N  E  U  R  A  Z
Q  T  J  T  R  O  U  M  K  K  Q
T  R  E  T  O  M  B  E  R  E  T
D  C  H  A  N  T  E  R  P  A  U
R  F  A  U  S  S  E  T  E  D  F
I  P  F  V  C  R  E  U  S  E  R
```

Découvre la Bible autrement

Munis-toi du livre Saint et trouve les mots cachés

BOUCHE	CIEL
CONFONDRE	DOMINER
ENFANTS	FONDER
MAGNIFIQUE	MAJESTE
NOURRISSON	TERRE

```
Z  D  O  B  O  U  C  H  E  F  O
M  A  G  N  I  F  I  Q  U  E  D
Q  C  O  N  F  O  N  D  R  E  J
S  X  Y  V  F  O  N  D  E  R  F
C  I  E  L  T  E  R  R  E  R  E
M  R  Q  R  T  X  W  M  Z  E  B
E  N  F  A  N  T  S  E  R  R  V
E  K  D  O  M  I  N  E  R  Q  R
M  A  J  E  S  T  E  Q  T  Z  R
N  A  K  S  V  G  X  Z  T  O  R
N  O  U  R  R  I  S  S  O  N  U
```

Découvre la Bible autrement

Munis-toi du livre Saint et trouve les mots cachés

AVIDE	CONTEMPLER
ETOILES	LUNE
OEUVRE	PLACE
REDUIRE	SILENCE
SOUVENIR	VENGEANCE

```
H  B  I  K  F  D  P  L  A  C  E
S  O  U  V  E  N  I  R  V  B  T
Q  V  E  N  G  E  A  N  C  E  D
X  W  S  F  E  T  O  I  L  E  S
N  I  W  M  K  C  N  M  T  M  W
C  O  N  T  E  M  P  L  E  R  F
D  F  O  E  U  V  R  E  O  A  B
R  E  D  U  I  R  E  B  O  N  N
T  L  U  N  E  F  K  N  R  S  A
I  S  I  L  E  N  C  E  Z  B  R
S  A  Y  H  G  A  V  I  D  E  R
```

Découvre la Bible autrement

Munis-toi du livre Saint et trouve les mots cachés

ANIMAUX	BOEUF
BREBIS	COURRONER
GLOIRE	HONNEUR
INFERIEUR	PIEDS
PRENDRE	SOIN

```
N  B  B  R  E  B  I  S  Q  F  U
L  U  I  N  F  E  R  I  E  U  R
J  G  L  O  I  R  E  Y  D  D  W
D  W  E  Z  J  L  O  P  L  H  S
K  X  I  S  I  P  I  E  D  S  N
Y  I  B  L  I  K  E  J  D  Z  F
H  O  N  N  E  U  R  E  V  W  G
A  N  I  M  A  U  X  P  K  W  S
I  S  O  I  N  Z  B  O  E  U  F
G  P  R  E  N  D  R  E  T  F  P
I  C  O  U  R  R  O  N  E  R  N
```

Découvre la Bible autrement

Munis-toi du livre Saint et trouve les mots cachés

ALLEGRESSE	COEUR
JOIE	LOUER
MER	MERVEILLES
POISSON	RACONTER
SAUVAGE	SUJET

```
Q  L  F  O  R  T  X  S  W  O  V
T  O  A  L  O  U  E  R  X  U  F
V  I  B  I  X  A  L  O  S  S  P
C  X  Q  S  A  U  V  A  G  E  T
T  H  P  O  I  S  S  O  N  W  K
G  S  U  J  E  T  S  P  Q  Z  R
L  X  N  K  O  Z  X  M  E  R  R
G  K  R  A  C  O  N  T  E  R  J
M  E  R  V  E  I  L  L  E  S  K
A  D  L  L  E  G  R  E  S  S  E  V
U  J  O  I  E  C  O  U  E  U  R  C
```

Découvre la Bible autrement

Munis-toi du livre Saint et trouve les mots cachés

DETRUIRE	DEVANT
DISPARAITRE	JUSTE
RECULER	REPRIMANDER
SIEGE	SOUTENIR
TREBUCHER	TRONE

```
D  I  S  P  A  R  A  I  T  R  E
R  E  P  R  I  M  A  N  D  E  R
D  D  L  S  H  U  V  K  T  I  N
T  E  L  J  U  S  T  E  V  N  Z
X  E  S  O  U  T  E  N  I  R  S
D  E  T  R  U  I  R  E  X  N  D
W  K  T  W  Q  H  T  R  O  N  E
P  R  S  I  E  G  E  L  N  P  Y
C  D  E  V  A  N  T  O  D  E  H
T  R  E  B  U  C  H  E  R  M  C
K  I  R  E  C  U  L  E  R  J  P
```

Découvre la Bible autrement

Munis -toi du livre Saint et trouve les mots cachés

DRESSER	EFFACER
MECHANT	MONDE
NOM	PERDU
PEUPLE	REGNER
RUINES	VILLE

```
M  R  U  I  N  E  S  X  F  L  G
D  R  E  S  S  E  R  L  B  B  Y
D  C  K  N  C  R  E  G  N  E  R
M  P  E  R  D  U  F  J  S  D  S
M  E  C  H  A  N  T  P  Q  A  D
T  T  K  H  C  E  O  R  J  D  Z
O  Y  D  F  X  O  V  I  L  L  E
X  H  B  V  P  E  U  P  L  E  W
B  H  C  A  F  M  G  Y  L  Y  W
X  N  E  F  F  A  C  E  R  E  T
P  R  N  O  M  M  O  N  D  E  H
```

Découvre la Bible autrement

Munis -toi du livre Saint et trouve les mots cachés

ABANDONNER   CHERCHER
CONFIER   CONNAITRE
DETRESSE   DROITURE
FORTERESSE   HAUT
MOMENT   OPPRIME

A	A	B	A	N	D	O	N	N	E	R
D	E	A	O	P	P	R	I	M	E	E
C	H	E	R	C	H	E	R	H	W	S
C	D	R	O	I	T	U	R	E	S	F
C	O	N	N	A	I	T	R	E	W	Y
X	P	Q	K	S	H	A	U	T	R	C
R	D	E	T	R	E	S	S	E	S	C
F	O	R	T	E	R	E	S	S	E	K
B	C	O	N	F	I	E	R	U	P	D
F	D	A	F	J	U	J	L	E	V	O
V	B	O	E	B	M	O	M	E	N	T

Découvre la Bible autrement

Munis -toi du livre Saint et trouve les mots cachés

GRACE	MALHEUREUX
MISERE	OUBLIER
PORTE	REDUIRE
RETIRER	SANG
VENGER	VERSER

```
X  X  O  G  P  O  R  T  E  I  Q
N  R  E  D  U  I  R  E  Q  P  F
X  M  I  S  E  R  E  Y  Y  E  D
Q  A  V  E  R  S  E  R  D  I  D
T  V  M  U  R  D  S  A  N  G  P
N  G  R  A  C  E  L  Q  N  U  U
M  J  A  Q  F  B  F  X  I  F  A
O  S  O  U  B  L  I  E  R  U  Y
M  A  L  H  E  U  R  E  U  X  D
U  G  K  B  R  E  T  I  R  E  R
K  I  U  K  U  V  E  N  G  E  R
```

Découvre la Bible autrement

Munis -toi du livre Saint et trouve les mots cachés

CACHER	FILET
FOSSE	LOUANGE
PAUVRE	PIEGE
PROPRE	RACONTER
REJOINDRE	TOMBER

```
C  C  A  C  H  E  R  F  R  A  J
X  A  L  O  U  A  N  G  E  N  N
P  I  E  G  E  Z  C  I  A  N  O
F  R  A  C  O  N  T  E  R  W  G
V  R  C  E  T  P  A  U  V  R  E
E  U  T  A  H  L  F  O  S  S  E
Y  R  L  Q  N  B  O  Z  Q  D  Z
Q  P  R  O  P  R  E  L  Y  N  U
R  E  J  O  I  N  D  R  E  W  E
W  A  R  T  O  M  B  E  R  W  B
T  F  I  L  E  T  Z  W  W  Z  G
```

Découvre la Bible autrement

Munis-toi du livre Saint et trouve les mots cachés

CONCEVOIR	DEFINITIVEMENT
EPOUVANTE	ESPERANCE
FRAPPER	HOMME
ORGUEIL	SAVOIR
TENIR	TRIOMPHER

```
A  I  J  P  Y  W  X  B  X  M  P  R  N  G
L  I  Y  A  P  C  D  A  Z  C  V  E  A  J
D  Z  J  Q  B  C  O  N  C  E  V  O  I  R
U  C  O  R  G  U  E  I  L  L  T  F  N  R
M  B  Q  F  W  K  F  M  S  F  L  G  D  S
S  Z  W  Y  V  I  T  E  N  I  R  V  W  P
D  S  A  V  O  I  R  H  V  C  K  K  R  X
S  V  T  T  R  I  O  M  P  H  E  R  M  Q
D  B  L  Y  R  G  O  S  U  C  M  B  A  N
I  O  W  F  R  A  P  P  E  R  Y  F  Q  J
E  E  S  U  J  A  H  O  M  M  E  H  C  J
R  C  D  R  N  E  S  P  B  E  R  A  N  C  E  R
R  I  I  E  P  O  U  V  A  N  T  E  L  Q
D  E  F  I  N  I  T  I  V  E  M  E  N  T
```

Découvre la Bible autrement

Munis-toi du livre Saint et trouve les mots cachés

ARROGANCE	DESIR
ENTREPRISE	MAUDIRE
MAUVAIS	MEPRISER
PENSEE	PROFITEUR
PUNIR	VANTER

```
P  E  N  S  E  E  E  S  R  R  Y
A  V  B  M  E  P  R  I  S  E  R
Z  M  D  T  V  A  N  T  E  R  J
Z  D  P  S  L  J  P  U  N  I  R
W  I  M  A  U  D  I  R  E  Y  Q
K  A  R  R  O  G  A  N  C  E  A
U  T  Z  H  W  D  E  S  I  R  G
E  N  T  R  E  P  R  I  S  E  C
P  R  O  F  I  T  E  U  R  H  H
L  M  A  U  V  A  I  S  I  C  W
Z  T  V  B  F  M  T  Y  N  V  J
```

Découvre la Bible autrement

Munis-toi du livre Saint et trouve les mots cachés

ABRI	DESSUS
EBRANLER	FRAUDE
LANGUE	MALEDICTION
MALHEUR	REUSSIR
TEMPS	TROMPERIE

```
M  A  L  E  D  I  C  T  I  O  N
A  D  J  Y  C  I  N  K  Z  W  O
U  E  B  R  A  N  L  E  R  P  Y
F  P  H  P  D  E  S  S  U  S  U
F  B  Z  L  J  J  T  A  B  R  I
B  U  N  L  A  N  G  U  E  C  J
F  R  A  U  D  E  P  P  I  S  F
M  A  L  H  E  U  R  N  X  W  R
R  E  U  S  S  I  R  Q  D  U  Y
L  G  E  Y  J  T  E  M  P  S  L
U  J  T  R  O  M  P  E  R  I  E
```

Découvre la Bible autrement

Munis -toi du livre Saint et trouve les mots cachés

AGUETS	ASSASSINER
CACHETTE	EMBUSCADE
ENDROIT	EPIER
INNOCENT	RETIRER
REUSSIR	VILLAGE

```
T  Y  E  E  J  N  Y  N  I  Z  A
K  E  M  B  U  S  C  A  D  E  L
U  A  S  S  A  S  S  I  N  E  R
E  N  D  R  O  I  T  J  K  C  E
P  E  P  I  E  R  R  C  F  F  U
V  I  L  L  A  G  E  I  W  M  A
X  H  R  P  E  A  G  U  E  T  S
X  L  I  F  R  E  U  S  S  I  R
Q  C  A  C  H  E  T  T  E  Z  D
J  I  N  N  O  C  E  N  T  N  O
R  E  T  I  R  E  R  W  Q  B  N
```

Découvre la Bible autrement

Munis-toi du livre Saint et trouve les mots cachés

ACCROUPIR	ATTIRER
ATTRAPER	GRIFFES
INTERVENIR	JAMAIS
PEINE	REGARDER
TANIERE	TAPIR

```
R  P  E  I  N  E  A  U  C  Q  F
U  T  A  P  I  R  X  N  M  U  R
R  M  Z  I  T  A  N  I  E  R  E
L  I  N  T  E  R  V  E  N  I  R
A  C  C  R  O  U  P  I  R  X  A
R  S  G  R  I  F  F  E  S  O  G
A  D  Z  W  A  T  T  I  R  E  R
Q  U  A  O  J  H  L  Y  Y  S  L
A  T  T  R  A  P  E  R  G  Q  Q
L  F  R  E  G  A  R  D  E  R  K
J  J  A  M  A  I  S  Q  G  C  O
```

Découvre la Bible autrement

Munis-toi du livre Saint et trouve les mots cachés

AIDE	BRISER
COURAGE	FORCE
MECHANT	ORPHELIN
PAYS	PERPETUITE
SOUFFRANCE	SOUFFRIR

```
S  B  S  O  U  F  F  R  I  R  W
A  F  O  R  C  E  P  L  M  N  H
P  E  R  P  E  T  U  I  T  E  F
V  A  I  D  E  P  P  E  U  N  L
S  C  M  E  C  H  A  N  T  I  R
H  O  B  R  I  S  E  R  O  N  T
D  E  A  C  O  U  R  A  G  E  O
D  R  W  Z  J  P  A  Y  S  X  O
S  O  U  F  F  R  A  N  C  E  R
O  R  P  H  E  L  I  N  X  U  Z
X  H  O  B  V  Q  N  B  A  B  P
```

Notes

Notes

Notes

www.ingramcontent.com/pod-product-compliance
Lightning Source LLC
Chambersburg PA
CBHW021143130726
47988CB00003B/1447